Impressum:

© 2018 by Hans Jürgen Hengsbach

Bilder von Kyri Schrader

Verlag und Druck tredition GmbH
Halenreie 40-44
22359 Hamburg

ISBN   978-3-7469-1890-7 (Paperback)
          978-3-7469-1891-4 (Hardcover)
          978-3-7469-1892-1 (e-Book)

Hans Jürgen Hengsbach

Querträume

Seelengeschichten

mit Bildern von Kyri Schrader

Alphabet der Sterne

Wenn Du mal einsam bist ...

Wenn Du mal traurig bist ...

Wenn Du mal glücklich bist ...

Wenn Du Dich mal ganz klein fühlst ...

Wenn Du mal denkst, Du bist das Größte ...

... geh in einer wolkenlosen Nacht nach draußen, etwas abseits, wo Dich kein künstliches Licht stört.

Suche Dir einen ruhigen ungestörten Platz und erhebe Deinen Blick.

Lass Deine Augen das Licht sammeln, welches die Schwärze der Nacht durchlöchert und erlaube Deinem Kopf dessen Wirkung zu entfalten.

Zuerst wirst Du nur die hellsten Sterne erkennen, doch nach und nach werden es mehr, immer mehr, unüberschaubar viel, unzählige....

Und irgendwann wirst Du Bilder sehen, die sich im Zusammenspiel der Himmelskörper ergeben.
Und es wird mehr, es wird zum Alphabet der Sterne.

Bekannte und unbekannte Buchstaben wirst du erkennen. Buchstaben aus allen Sprachen der Welt, irdische und außerirdische, tote Sprachen, alte Sprachen, aktuelle, zukünftige und solche, die niemals gedacht, gesprochen oder gelesen werden.

Alle Geschichten des Universums werden dort am Firmament erzählt, auch solche, die niemand je verstehen wird.

Letztendlich wird Dir vielleicht im allerbesten Falle bewusst werden, dass Du ein unbedeutender Bestandteil dieses Alphabets der Sterne bist, all dieser Sprachen und Episoden.
Unbedeutender als irgendwas, unbedeutender als Nichts ..... aber ein Bestandteil.

An Deiner Seite

Suche Dir jemand, der an Deiner Seite ist …
… wenn Du planst, ans Meer zu gehen,
um den Tagesanbruch zu erwarten,
das erste gelbrote Fitzelchen der Sonne am Horizont zu erhaschen,
die unverbrauchten Sonnenstrahlen auf Deiner Haut spüren willst, die sich mit der
nachtkühlen Brise mischen und Dir Kraft schenken!

Suche Dir jemand, der an Deiner Seite ist …
… wenn Du ein Abenteuer erleben willst,
neue Erfahrungen sammelst,
unbekannte Welten erforscht,
den Horizont erweiterst,
Deine Grenzen erkundest,
unbekannte Seiten suchst,
Dich neu entdecken willst!

Suche Dir jemand, der an Deiner Seite ist …
… wenn Du Fünfe gerade sein lassen willst,
starre Fronten aufweichst,
falsche Hemmungen fallen lässt,
die eingefahrenen Wege verlässt,
die schwarze Seele lüftest,
mal verbotene Dinge genießt,
die dunkle Seite ans Licht holst!

Wenn die Dunkelheit heran bricht,
alle Farben zu schwarz mutieren,
Zahlen ihren Betrag verlieren,
Besitztümer wertlos werden,
Klänge dumpf und hohl werden,
die Kraft aus den Poren zu fließen droht,
Dein Blut in den Adern zu gefrieren scheint,
der Herzschlag flacher wird …
… dann solltest Du jemanden haben, der an Deiner Seite ist!

Brauch ich nicht wirklich

Ein Auto mit Müdigkeitssensor, Einparkhilfe oder beheizbarem Lenkrad ...
... brauch ich nicht wirklich.

Ein Frühstück bei McD mit Kaffee aus Pappbechern, McToast Schoko oder McMuffin Sausage & Egg ...
... brauch ich nicht wirklich.

Einen Urlaub mit Meeresrauschen, Palmen, strahlendem Sonnenschein bei einer Tagesdurchschnittstemperatur von über 25 ° Celsius ...
... brauch ich nicht wirklich.

Alkoholexzesse, Karneval, Familienfeiern, Interpretation abstrakter Kunst, Sportschau, Skat und Kegeln ...
... brauch ich nicht wirklich.

Ein Essen im Nobelrestaurant mit Muscheln, Austern, rohem Fisch, Kaviar, Trüffel, Krokodilfleisch oder Affenhirn ...
... brauch ich nicht wirklich.

Eine Männergruppe zur Wiederentdeckung der Männlichkeit, der Fähigkeit des allein in der Natur Übernachtens und des Kriegertums ...
... brauch ich nicht wirklich.

Ungezügelte Liebe unter freien Menschen, bedenkenlosen Sex mit Unbekannten, neue Praktiken der exotischen Art ...
... brauch ich nicht wirklich.

Aber es gibt etwas, dass ich wirklich brauche...
... und das ist Deine Liebe, Deine Nähe, Deine Weiblichkeit, Deine Zärtlichkeit, Deine Sensibilität, Deine Inspiration neue Welten zu entdecken, Deine Andersartigkeit.

Der Wanderer

Unerbittlich brennt die Sonne auf den Sand,
flimmernd reflektieren die Strahlen,
zaubern Trugbilder am Horizont, gaukeln Rettung vor.
Eine Hitze, die die Kälte der Nacht wie einen Traum unglaubhaft werden lässt.
In ständig sich ändernden Mustern verziert der Wüstensand die Dünen,
zieht sie mit sich, immer weiter, dem Wind folgend,
ohne Rücksicht auf alles Lebendige, das auf verlorenem Posten scheint.
Und doch - eine Spur unterbricht verlassen die Einöde.

Undurchdringlich baut sich der Dschungel auf,
wie eine lebende Wand - zuckend, sich windend.
Kompakt, ununterscheidbar, ob Pflanze oder Tier, Gefahren lauern.
Sicherheit gibt es hier nicht, nicht für Jäger, erst recht nicht für Gejagte.
Ständiges Sterben, pausenloses Gebären, ein dauernder Kreislauf,
Fremdes wird einbezogen, aufgenommen, bleibt nicht fremd.
Aber unter dem Blätterdach, niedrig und schmal, kaum zu erkennen,
ist der Dschungel von einem Pfad versehrt.

Unaufhaltsam, wie Nadeln durchstreift kalter Wind die Nacht,
Dunkelheit, gewaltig und fast greifbar.
Dichte Wolken verdecken die Gestirne, schlucken jedes Licht.
Der Schnee ringsum hat sein Weiß vergessen, wird zu Schwarzem unter Schwarzen.
Äste biegen sich und brechen unter seiner Last,
zerbersten mit lauten Getöse im weiß bedeckten Unterholz.
Zwischen den ächzenden Bäumen zieht eine einsame Spur ihre Bahn,
scheinbar ohne Anfang, wie aus dem Nichts.

Dort, wo die Spur endet, steht er.
Verharrend, nicht ziellos.
Luft holend, nicht atemlos.
Müde, nicht kraftlos.
Allein, nicht einsam.
Still, keiner Worte bedürfend.
Erwartungsvoll, aber nicht ungeduldig.
Beharrlich, aber nicht verbissen.
Die Gemeinsamkeit erhoffend, das Abgeschiedensein würdigend.

Das Ziel im Sinn, den Pfad nicht aus den Augen verlierend.
Die Richtung ist unbestimmt, aber klar,
nicht sichtbar, aber offenkundig.
Der Wanderer geht seinen Weg.

Du I

Du bist die Lücke in den dunklen Wolken, die die Sonnenstrahlen durchlässt.

Du bist das Licht am Ende des Tunnels der trüben Gedanken.

Du bist das Glas frisches Wasser, das einem nach einem schweißtreibenden, arbeitsreichen Sommertag auf dem Tisch im Schatten erwartet.

Du bist der trockene sichere Unterschlupf in der stürmischen Regennacht, der Ruhe und Geborgenheit schenkt.

Du bist das Lächeln, das das Stirnrunzeln, die Verkniffenheit und den Griesgram vertreibt.

Du bist das Herz, das das Meinige vor Glück und Liebe lauter und schneller klopfen lässt.

Du bist das Wort, das meine Sprache vervollkommnet.

Du bist der Gedanke, der meinen Geist zum Strahlen bringt.

Du bist der Mensch, der mich die Liebe neu entdecken lässt.

Du

Du II

Ohne Dich ist immer eine dunkle Wolke da, die die Sonne trübt.

Ohne Dich warten im Licht am Ende des Tunnels die nächsten trüben Gedanken.

Ohne Dich bleibt auch nach dem Genuss eines Glases frischen Wassers nach einem schweißtreibenden, arbeitsreichen Sommertag Durst nach Labsal.

Ohne Dich bietet auch der trockene sichere Unterschlupf in der stürmischen Regennacht keine Ruhe und Geborgenheit.

Ohne Dich sehe ich kein Lächeln, das das Stirnrunzeln, die Verkniffenheit und den Griesgram vertreibt.

Ohne Dich schlägt mein Herz mangels Glück und Liebe flau und lustlos.

Ohne Dich sind der Sprache die kunstvoll schmückenden Worte beraubt.

Ohne Dich ging der Gedanke verloren, der meinen Geist zum Strahlen brachte.

Ohne Dich ist die Liebe graue Theorie.

Du … fehlst

Heraus aus dem Dunkeln („Du und Ich")

Im Dunkeln

Tiefe Farblosigkeit umgibt uns –
bar jeden Lichts.

Weglosigkeit, Orientierungslosigkeit, Ziellosigkeit …
Aber wir bewegen uns fort.

Auch die Zeit ist weglos, orientierungslos, ziellos -
aber wir können spüren, dass sie da ist.
Denn wir haben eben geatmet, tun es jetzt und werden es gleich tun.

Also machen wir weiter …

Unzählige Gedanken später erkennen wir einen Schimmer in der Farblosigkeit.
Wir gehen darauf zu.
Helligkeit erscheint, ein Licht …
Das Licht gewinnt Farbe.

Der Weg führt bergan, noch versperren Barrieren die freie Sicht.

Dann können wir es sehen.
Getrennt, vernarbt, unterschiedlich … und doch zusammengehörend.
Zwei Planeten, zwei Sterne, ein Universum.
Eine ungewisse Zukunft.

Abschalten, lösen, fallenlassen

Der Fernseher läuft - wieder mal.
Weißt Du, was da gerade gesendet wird?
Oder was Du zuvor gesehen hast ...?
Oder was Du zuvor gesehen hast ...?
Gestern, vorgestern?
Wenn nicht, schalte ab.
Berieselung der Berieselung willen ist Betäubung, keine Bereicherung.

Musik erfüllt den Raum – im Hintergrund.
Es ist vielleicht sogar die Musik von früher.
Musik, die Du spontan nennst, wenn Dich jemand nach Deiner Lieblingsmusik fragt.
Musik, die ein wichtiger Teil Deines Lebens war.
Wenn sie es nicht mehr ist, schalte ab.
Sie wird erst dann ihren Sinn wiedererlangen, wenn Du in ihr eintauchst.

Dein Handy macht wie so oft keine Pause.
Eine neue SMS, eine WhatsApp , ein Mail, ein Update ...
Du kannst Dir ein Leben ohne dieses Ding kaum mehr vorstellen.
Wie ging das eigentlich in der Zeit davor?
Nun es ging ... und es ging gut. Schalte ab.
Wichtige Dinge werden Dich erreichen und Zeit ist nur wichtig, wenn man sie wichtig nimmt.

Du beendest Deinen Tag und findest wieder mal keine Ruhe.
Dein Körper sehnt sich nach Ruhe, aber Dein Kopf gönnt sich diese nicht.
Die Gedanken drehen sich im Kreis, verheddern sich, finden kein Ende.
Ja und Nein beharken sich, allen Ansätzen liegt ein Aber im Weg.
Schalte ab. Lass den Gedanken freien Lauf oder denke nichts.
Löse Dich von der Vorstellung, Antworten zu finden. Und die Fragen lösen sich auf.

Du triffst Dich mit dem wichtigsten Menschen in Deinem Leben.
Aber Du bist noch nicht vollkommen bei ihm angekommen.
Dein Kopf ist gefüllt mit Dingen aus der Vergangenheit und dem, was kommen mag.
Dein Kopf lässt dem Herzen nicht die Überhand
Schalte ab. Trenne Dich von Rettungsvorrichtungen. Lass Dich fallen.
Genieße den Augenblick als wäre es der letzte.

Wenn Du das schaffst, bist Du angekommen!

Diese und Jene

Manch ein Mensch beginnt bereits sein Leben voller Qual und Hoffnungslosigkeit, allein aufgrund der Umstände.
Ein anderer startet das Dasein mit einem freudigen Kiekser, gespannt auf alles, was da auf ihn zukommen mag.

Es gibt diese, die stets ein Lächeln auf ihrem Gesicht tragen und Freude in das Leben anderer bringen.
Es gibt jene, die mit sich und allem anderen unzufrieden sind und denen man es nur zu deutlich anmerkt.

Für einige Menschen sind nur Ziffern größer Null in Verbindung mit Währungen von Bedeutung.
Andere sehen nur in Zahlen einen wahren Sinn, die Naturkonstanten darstellen oder in mathematischen Axiomen gründen.

Diese sind fasziniert von den schrillen, reinen Farben. Jede verwässernde Mischung ist verpönt.
Jene sehen hinter allem nur die Grautöne, alles Extreme ist ihnen fremd und befremdlich.

Manch ein Mensch empfindet sich als Krone der Schöpfung. Er kann mehr, weiß mehr und ist mehr wert als alle anderen.
Ein anderer fühlt sich als Nichts. Er versucht es Jedermann Recht zu tun und verzweifelt an diesem hoffnungslosen Unterfangen.

Einige Menschen hängen so sehr an ihrem Leben, dass sie vor lauter Angst, es zu verlieren, das Leben nicht mehr genießen können.
Andere stellen keinerlei Ansprüche mehr an ihr Leben und dadurch gelingt es ihnen, sich an kleinen Dingen zu erfreuen.

Diese bereuen bereits in jungen Jahren ihre Vergangenheit und glauben, ihr Leben sei vergeudet.
Jene blicken, sich ihrer Fehler durchaus bewusst, zufrieden zurück und erwarten den Rest ihrer Tage wohlwollend.

Diese und Jene stecken in jedem von uns – mal mehr, mal weniger.

Hey Ihr

Hey Schuster, mach mir Schuhe, die mir meinen Weg ermöglichen und die größten Hindernisse zu überwinden helfen.

Hey Schmied, mach mir eine Rüstung, die meine Verwundbarkeit reduziert, Feinde abschreckt und mich stärker macht.

Hey Tuchmacher, mach mir Kleidung, die mich warmhält, wenn es kalt ist, kühlt, wenn es warm ist und meine Rüstung erträglich macht.

Hey Bäcker, hey Metzger, macht mir Brot und Wurst, die mir schmecken, mich stärken, meine Kräfte erhalten und neue Energie schenken.

Hey Freunde, seid für mich da, wenn ich euch brauche, seid mir nicht böse, wenn ich mal allein sein möchte und versucht mich so zu nehmen, wie ich bin.

Hey Sonne, gib mir Licht, gib mir Wärme, nicht nur auf der Haut, sondern auch in meiner Seele.

Hey Mond, erfreue meine schlaflosen Augen, leite mich in der Dunkelheit und lass diese nicht undurchdringlich werden.

Hey Wolken, schenkt mir Regen, um mich zu laben und meinen Weg grün und farbenfroh zu halten, aber seid nicht zu dicht, damit ich in mondlosen Nächten die Sterne sehen kann.

Hey Du, schenk mir Liebe, erfülle mein Herz, gib mir Deine Nähe und lass mich Deine Wärme und Leidenschaft spüren.

Hey Ich, hör endlich auf, nur an Dich zu denken!

In meiner Welt

In meiner Welt
mit den unüberwindlichen Mauern und den zerbrochenen Türen,
gibt es Bilder.
Manche verblasst, manche verstaubt, manche klar und deutlich.
Und ich kann mich selbst sehen

In meiner Welt
mit den unausgesprochenen Worten und den zuviel gesagten,
gibt es Bücher.
Alte, neue, bekannte, unbekannte, die kleinen Werke von mir.
Und ich kann ich selbst sein

In meiner Welt
gibt es Träume.
Manche neu und stark, manche verdrängt, manche vergessen.
Ich werde einige von ihnen vernichten müssen, um Platz zu schaffen.

Zuweilen …
sind es Bilder, Worte, Träume von Dir.

Zuweilen …
Möchte ich meine Welt mit Dir teilen.

Komet

Unbeirrt zieht er seine Bahn.
Faszinierend, unnahbar, kalt.
Längst hat er vergessen, wo sein Ursprung war.
Das Ziel der Reise steht ohnehin in den Sternen.

Er ist er.
Der Rest ist eine andere Welt, die ihn scheinbar nicht beeinflusst.
Allein mit sich und in sich, autark, verloren,
immer weiter dem Unbekannten entgegen.

Plötzlich und unerwartet wird die Entfernung zum Außerhalb kleiner.
Der Komet nähert sich, wird greifbar, berührt die Welt.
Näher und näher, ein letzter Augenblick, nur noch ein Wimpernschlag –
doch dann ist es wieder vorbei, die Reise geht weiter,
die stille Illusion in sich tragend, die einsame Bahn möge zu einem Ziel führen.
Wohl wissend, dass ein Kontakt unweigerlich das Ende bedeutet.

Lautlos Kraftvoll

Lautlos tönen Gedanken auf den unendlichen Geraden der Gehirnwindungen.

Damals, jetzt, bald …
Vergangenheit gibt es allein in Köpfen und in toten Büchern.
Gegenwart ist relativ.

Die Zukunft liegt unberührt dahinter.
Voran, voran, voran, … vielleicht lässt sie sich erreichen.

Der Weg dorthin liegt vierdimensional am Horizont, begrenzt allein durch Wände des Nichts.
Unüberwindliche Barrieren, die es nicht gibt.

Mächtige Gebirgszüge liegen winzig klein tief unterhalb.
Hoch oben rauschen reißende Wasser Stromschnellen empor.

Dazwischen unbekannte Buchstaben, die sich zu Worten formen, die nie gedacht, gesprochen, geschrieben wurden oder werden.
Und doch sind sie die Essenz aller Sprachen.

Undurchdringliches makelloses Schwarz lässt die Augen erstrahlen.
Tiefbuntes spektralfreies Licht besiegt die Blindheit.
Unendlich viele Pinsel, die mit ihrer ureigenen Farbe die Welt beklecksen.

Klangbilder breiten sich sichtbar aus in den Gehören.
Lautlosigkeit erfüllt den Raum … ohrenbetäubend.

Nichts im Nichts, das Alles erschaffend.

Zwei Hände …

Zwei Hände berühren sich und geben sich Halt.
Kraftvoll.

Der Schmetterling,

der nach so langer Raupenzeit und Verpuppungsphase

sich zum ersten Mal in die Lüfte erhebt,

verschwendet keine Gedanken daran,

dass sein Kokon kaputt gegangen ist.

Genauso

Wie ein Bergmassiv, das sich auf der Wasseroberfläche bricht.
Wie ein Sandkorn, das beim Fall in das untere Glas einer Sanduhr das Zeitliche segnet.
Wie ein Tropfen, der im Meer seine Heimat findet und sich verliert.
Wie ein Sonnenstrahl, der in einer Regenwolke verschluckt wird.
Wie ein Traum, der dem Weckerklingeln zum Opfer fällt.
Wie ein Schrei, der im Echo seinen Widerhall findet.
Wie ein Lachen, das ein zweites erzeugt.
Wie eine Idee, die Verwirklichung fordert.
Wie eine Chance, die zu viel wert ist,
um sie verstreichen zu lassen.

Genauso sind wir.

Schön schwierig

Es gibt kaum etwas Schöneres als zu lieben
und es gibt nur wenig Schöneres als geliebt zu werden.
Es gibt sicher nichts Schöneres als den Menschen zu lieben,
von dem man geliebt wird.
Manchmal gibt es aber auch nichts Schwierigeres.

Hab´ keine Bedenken

Du willst dich bücken, um den Duft der Rose zu genießen?
Es ist einfacher, wenn Du sie pflückst.
Hab´ keine Bedenken; es ist nur eine Blume, die verwelkt.

Du meinst der Weg zu deinem Haus ist zu schmal?
Bau dir einen breiteren.
Hab´ keine Bedenken; es ist nur ein Baum, den Du fällst.

Du hast Deinem Freund Dein Stillschweigen versprochen?
Dein Wissen wäre Dir jetzt nützlich.
Hab´ keine Bedenken; es ist nur Vertrauen, das Du missbrauchst.

Du könntest dem Kind helfen, das Dich mit großen Augen anschaut?
Es gibt wichtigere Dinge zu tun.
Hab´ keine Bedenken; es ist nur Hoffnung, die Du zerstörst.

Du erinnerst dich an deine früheren Ideale?
Sie sind nur hinderlich auf dem Weg nach oben.
Hab´ keine Bedenken: es ist nur ein Traum, den du verrätst.

Schau mir ein letztes Mal in die Augen
Und dann geh.
Hab´ keine Bedenken; es ist nur mein Herz, das du zerbrichst.

Große, schwarze Wolke

Wieder nimmt sie mir die Sonne, die große, schwarze Wolke,
die mich begleitet Jahr um Jahr.
Bald scheint sie mir für lange Zeit verloren,
doch dann ganz plötzlich ist sie wieder da.

Recht lange freute mich das Leben und wärmte mich das Licht,
doch dieser neidische Geselle gönnt Unbekümmertheit mir nicht.

Und wieder seh ich keine Blumen, keinen Liebreiz, keine schöne Frau,
verblasst sind alle Farben, schon wieder alles Grau in Grau.

Musik wird fremd, nichtssagend, tönt verkehrt.
Bücher, die ich gerne lese, sind das Papier nun nicht mehr wert.

Trunkene Geselligkeit und Spiele scheinen trostlos, scheinen schal.
Selbst der Besuch von Freunden macht nicht heiter, wird zur Qual.

Jedes Lachen klingt mir falsch und nur wie Hohn.
Kein schöner Traum ist mir des Tages Lohn.

Die große, schwarze Wolke verdunkelt mir den Sinn,
bringt unerklärlich Kummer und unbegründet Not,
bis schließlich gar das Leben schwerer scheint als Tod.
Doch dieser treue Weggefährte, genannt Melancholie
ist mir nur zu gut bekannt, drum, siegen wird er nie.

Und wie stets, so auch heut und wohl auch das nächste Mal
bricht durch die große, schwarze Wolke
zögernd noch, der erste, bange Sonnenstrahl.

Sonnen

Es gibt unzählig viele.

Auch in meinem Leben gibt es zahlreiche.
Manche sind verloschen.
Andere gibt es noch.
Einige werden immer bestehen.
Aber nur eine vermag mein Inneres zu erwärmen.
Und das bist Du …

Ratlos

Und wieder mal seh ich den Wolken nach.
Ich seh´ sie von unten und ich hab´ sie von oben gesehen.
Ich weiß, wie sie entstehen; doch kennen, nein,
kennen tu ich sie nicht.

Groß ist die Erde, groß und vielfältig für uns Menschen.
Klein ist sie, klein und unbedeutend in den Weiten des Raums.
Viel hab´ ich gelernt über sie; doch kennen, nein,
kennen tu ich sie nicht.

Weibliche Wesen faszinieren mich, viele hab´ ich kennengelernt.
Viel über sie gelesen, gehört, geredet,
viel über sie nachgedacht; doch kennen, oh nein,
kennen tu ich sie nicht.

Auch Dich habe ich von vielen Seiten gesehen,
mal grenzenlos ernst, mal völlig ausgelassen.
Traurigkeit und Glück habe ich in deinen Augen gesehen.
Ich steh´ Dir näher als irgendjemandem sonst; doch kennen, nein,
kennen tu ich Dich nicht.

Das Gesicht dort im Spiegel trage ich schon lange mit mir ´rum.
Spuren der Zeit sind darin zu entdecken,
aber noch ist Jugend in den Augen.
Ich weiß von Ecken und Kanten in mir, von denen sonst niemand weiß
-doch kenn´ ich mich?
Es gibt Tage, da habe ich meine Zweifel!

Brei

Mein Leben ist ein Brei.

Unterschiedlich zäh und temperiert,
....mal dünn wie Wasser, leicht und nahezu schwebend geht es voran
....mal viskos wie Leim, jeder Bewegung fällt schwer
....mal fest wie Stein, es gibt kein Vorwärtskommen
....mal heiß wie Feuer, pulsierend und eruptiv
....mal eine angenehme, wohlige Wärme ausstrahlend
....mal unerbittlich kalt, fröstelnd das Ende erahnen lassend.

Es zieht mich nach unten und hält mich an der Oberfläche.

Es reißt mich mit und gibt doch keine Richtung vor.

Es ist um mich herum, in mir drinnen, es ist gestern, heute und morgen.

Es ist diffus, starr, formlos unendlich und rigoros begrenzt.

Es ist nichtig und essentiell.

Es schmeckt und riecht süß, säuerlich, neuwertig, verbraucht.
Es fühlt sich angenehm an, begehrenswert, abstoßend, widerwärtig.

Es ist berauschend und ermüdend.
Es ist kraftspendend, zehrend, feindselig, geborgenheitsspendend.

Es umfasst alles und es umfasst nichts.

Das ist mein Leben.
Brei

Traumraum

Mein Raum ist kein Raum wie jeder andere.
Mein Raum ist der Traumraum ...

Die Wände sind mit Blaufasertapete behangen!
Blau wie das Meer.... sie geben dessen Frische wieder und dessen Duft.
Manchmal wogen sie sanft vor sich hin, manchmal werfen sie riesige Wellen.
Tief sind sie, unergründlich und scheinbar grenzenlos.

Zu meinen Füßen liegt ein Luminatboden!
Er besteht aus Licht ... sichtbar und doch gestaltlos wie ein Universum.
Mal schimmert er diffus, mal ist er schwarz wie die Nacht. Dann wieder erstrahlt er
wie ein heißer Sommersonnentag.

Mein Raum hat Brilluxfenster!
Es erlaubt die Sicht hinaus zu jeder Zeit ... wann immer man will.
 Es ist niemals schmutzig oder beschlagen. Jeder kann dort draußen alles deutlich
sehen, auch ohne Sehhilfe. Immer - auch bei dichtestem Nebel oder tiefster Nacht.

Der Zugang ist eine Barrikadentür!
Sie ist aus lauter Synapsen konstruiert ... der Durchgang ist nicht jedermanns Sache.
Die Tür prüft ganz genau, ob jemand in diesen Raum passt, nur dann gibt sie den
Weg frei. Der Ausgang ist jederzeit erlaubt, aber nur selten wird dies erwünscht.

Und oben drüber ist eine Sternendaunendecke!
Sie stellt das gesamte Universum dar ... vielleicht ist sie es ja auch.
Alle vergangenen, derzeitigen und zukünftigen Sternenbilder werden angezeigt,
ohne dass das Licht unsere kleine Sonne stören würde.
Und zugleich besteht sie aus Daunen, die das Zimmer immer wohlig warmhält.

Probier ihn doch mal aus ... Du bist willkommen!

Unruh

Es gibt sie in Uhren
Es gibt sie in der Welt.
Und es gibt sie in mir.

Die Unruh ist ein Bauteil eines Uhrwerkes. Ihr Vorläufer war die Unrast.
Die Unruh, ein winziges, präzises, kleines Schwungrad aus Metall regelt den Gang
der Uhr. Gemeinsam mit einer Spiralfeder schwingt das Rad unermüdlich, rastlos
im wahren Sinn.
Die Präzision der Schwingung bestimmt die Genauigkeit der Uhr.
Die Unruh hält die Zeit in Fluss – eine friedvolle Triebkraft im Verborgenen.

Unrast und Unruh finden sich auch in der Welt, aber dort als lauter Widersacher
von Harmonie und Synchronizität.
Rastlosigkeit, die zu Unruhe führt. Unruhe, die Unzufriedenheit und Stress auslöst.
Keine Feder, die mitschwingt … geeignete Ventile fehlen.
All das steigert sich, staut sich auf und entlädt sich … in Egoismus, Aggressivität,
blankem Hass, Krieg.

Unruh gibt es auch in mir, aber auch Ruhe, im steten Wechsel.
Mal still und in Eintracht, mal laut und zerstörerisch.

Geht die Unruh in der Uhr zu Bruch, bleibt sie stehen.
Verschwindet meine Unruh, bleib auch ich stehen und verlier mich selbst.

Verlustgewinn

Wenn ich einmal mein Augenlicht verlieren sollte ...
... vielleicht gewinnt mein Gehör an Stärke und ich kann Geräusche lauschen, die mir neu sind.

Wenn ich einmal meinen Gehörsinn verlieren sollte ...
... vielleicht gewinnen meine Gedanken an Schärfe durch die Ruhe, die ohne störende Laute ein fruchtbarer Nährboden sein kann.

Wenn ich einmal meine Stimme verlieren sollte ...
... vielleicht gewinnen meine Mitmenschen an der Notwenigkeit durch die verzögerte Kommunikation meine Gedanken zu ordnen und die richtigen Worte zu finden.

Wenn ich einmal meine Beweglichkeit verlieren sollte ...
... vielleicht gewinnt mein Inneres ohne die bisherigen Irrwege den Zugang zu den wichtigen Dingen.

Wenn ich einmal wichtige Menschen in meinem Leben verlieren sollte ...
... vielleicht stärkt mich der Verlust und die Gewissheit, dass alles einen Sinn hat, gewinnt.

Wenn ich einmal alles verlieren sollte ...
... vielleicht finde ich mich.

Vielfalt

Halte an, halte inne und verharre,
damit Du deinen Weg nicht aus den Augen verlierst.

Lass das Pech, die Traurigkeit und den Zweifel zu,
um das Glück, die Freude und die Gewissheit schätzen zu lernen.

Glaub nicht alles zu wissen, zu verstehen und fühlen zu können,
das Wenige ist deutlicher und oftmals mehr.

Verzichte auf Extreme, Vorurteile, Schwarz und Weiß,
in den Grautönen wirst Du die Welt entdecken und die leisen Töne machen die
Musik.

Erkenne, dass Du mehr Wert bist als viele denken, aber weniger als Du glaubst. Sei
klein um groß zu werden.

Wenn Du Dich mit weniger zufrieden gibst,
kannst Du den Wert des Einzelnen besser erkennen.

Das unerwartete, unverhoffte Finden ist erfolgversprechender als ein unentwegt es,
krampfhaftes Suchen.

Die Jugend war trotz aller Verrissenheit geradlinig, glatt und zielgerichtet.
Nun ist alles verschlungen, aber schlüssig, pure Vielfalt, nicht nur im Gesicht …

Einbahnstraßen

Sie sorgen für Ordnung.
Freie Bahn für freie Bürger.
Störender Gegenverkehr ist ausgeschlossen.
Der kürzeste Weg ist nicht immer der schnellste.
Wenn keine Alternative bestehen, geht alles wie von selbst.
Der Fluss bleibt unbeeinträchtigt.
Endlich ist die eigene Richtung die Richtung aller.
Man kommt schneller zum Ziel.

Wer sich nicht auskennt, geht schnell verloren.
Erfreuliche Überraschungen werden einem nicht entgegen kommen.
Die Wege führen nicht unbedingt dahin, wo man hin will.
Der direkte Weg steht nicht zur Verfügung.
Einmal das Ziel verfehlt, ist eine Korrektur nur sehr schwer möglich.
Rückwärtsfahren ist nicht erlaubt.
Soll doch jeder fahren, wohin er will!
Das Ziel ist nicht durch den Weg vorgegeben.

Einbahnstraßen mögen in manchen Anwendungsfällen durchaus sinnvoll sein.
Sie sind es ganz sicher nicht in allen.

Anfang

Am Anfang fehlte ihm ein Wort.
Genau genommen fehlte es nicht nur ihm allein, so glaubte er.
Er wurde sich im Laufe seiner Überlegungen immer sicherer, dass dieses Wort
schlichtweg nicht existierte. Es fehlte grundsätzlich.
Er fragte sich, wie es sein konnte, dass die redseligen Menschen es im Laufe von
Jahrtausenden versäumt hatten, solch ein essentielles Wort zu schaffen. Und mehr
noch erstaunte ihn, dass außer ihm, das Fehlen offensichtlich noch niemandem
aufgefallen war.

Dabei ging es ihm einfach nur darum, seine Gefühle zu artikulieren, um sie seinen
Mitmenschen im Allgemeinen und vor allem im Besonderen kundzutun.
Das Wort Liebe, welches allerorts in fast inflationärer Weise zu hören und übli-
cherweise für diese oder vergleichbare Fälle genutzt wurde, war nicht das richtige.
Soviel war sicher.
Es erschien ihm nicht angebracht, dieses große, ein gewisse Stetigkeit in sich ber-
gende Wort, für seine Gefühle zu verwenden, die einem ständigen Auf und Ab
unterworfen waren.

Es gab so viele poetische Umschreibungen, coole Phrasen oder aber gestelzte Sy-
nonyme wie Huld, Gunst, Zuneigung, Gewogenheit, Herzenswärme, Herzlichkeit,
Obsession, Hingebung, Aufopferung, Leidenschaft, Hingezogenheit, Anhänglich-
keit.

Die Sprache bot ein Übermaß an Möglichkeiten, aber die allermeisten Worte waren
nicht geeignet, da sie schlichtweg zu wenig flexibel erschienen.
Sie änderten vielleicht im Laufe der Zeit in Nuancen ihre Bedeutung, behielten aber
doch im Kern ihren Sinn - bedeutungsschwer, gewaltig, aber träge.
Andere Worte waren wohl einem steten Wandel unterworfen, Modewörtern, die
wie ein Komet kurz aufblitzen, von jedem wahrgenommen und schnell wieder
vergessen waren.
Aber diesen fehlte es an Substanz, die wiederum seinen Gefühlen durchaus zueigen
war.
Und es gab so viele Worte, die nichtssagend waren. Worthülsen, Kokons, mächtige
Rüstungen, die nicht anderes taten als die Bedeutungslosigkeit in ihnen zu schüt-
zen. Diese kamen erst recht nicht in Frage.

Er fand einfach keines, dass seine Gefühle exakt oder auch nur annähernd zu beschreiben schien. Seine Vorstellung von dem, was die einzelnen Begriffe und Umschreibungen bedeuteten und der Zustand, den er zu schildern suchte, waren nicht in Übereinstimmung zu bringen.

Wie konnte dann jemand anderes mit Hilfe eines unzulänglichen Begriffes das verstehen, was er empfand?

Je länger er darüber nachdachte, desto bewusster wurde ihm bald ein ganz anderes Problem. Allen Arten von Worten war eines gemeinsam – im Detail verstand ein jeder etwas anderes darunter. Es fehlte die Präzision und die Allgemeingültigkeit.

Bei Worten, die etwas Abstraktes beschreiben, war dies zu erwarten. Etwas, das im wahrsten Sinne nicht fassbar war, ließ sich mit einem Begriff kaum unmissverständlich festschreiben. Dies galt selbst für unpersönliche Dinge, die nicht durch zusätzliche emotionelle Turbulenzen verwischt wurden. Ohne die Krücken der fünf Sinne war man allein auf die Kraft der Gedanken und der Phantasie angewiesen, die nicht durch physikalische Grenzen gezügelt wurde.
Je tiefer er seine Gedanken schweifen ließ, desto bewusster wurde ihm die Unschärfe der Sprache.
Worte wie „gut", „schön", „nett" waren immer direkt mit subjektivem Empfinden verbunden und niemand konnte erwarten, dass etwas, das für den einen schön war, zwangsläufig von allen als schön empfunden wurde.
Selbst wenn zwei Menschen ein und dasselbe Ding als schön bezeichneten, waren Intensität und Ausmaß unter Umständen noch lange nicht vergleichbar.

Wie gut, dass es Begriffe gab, an denen nicht zu rütteln war. Exakte Definitionen, die häufig der Naturwissenschaften zu verdanken waren. Physikalische Größen, die vermeintlich unzweifelhaft feststanden!
Aber war das wirklich so?

Willkürlich begann er solche Worte zu überdenken.
Meinte und verstand jeder dasselbe, wenn das Wort „gelb" fiel?
Physikalisch handelte es sich um Strahlen in einem fest definierten Wellenlängenbereich, optisch wahrzunehmen und mit geeigneten Methoden sicher verifizierbar.
Gelb ist gelb, ein Gegenstand, der Licht in einer eindeutigen Art und Weise reflektierte und absorbierte, so dass nur der gelbe Bestandteil des Spektrums übrig blieb.
Schön und gut, doch würde sich deshalb ein Mensch, der Zeit seines Lebens in vollkommener Dunkelheit leben musste, das gleiche unter einer gelben Sonne oder einem dottergelben Auto vorstellen wie ein Sehender? Wohl kaum!

Und für manchen, der mit Farbblindheit zu kämpfen hatte, ist gelb eben nicht gelb, sondern vielleicht grün.

Da musste es doch etwas geben. Etwas Einfaches, für jeden gleichbedeutend. Eine Sache aus dem täglichen Leben. Beispielsweise ein Stuhl - ein Stuhl war eine Sitzgelegenheit.
Es mochte diverse Abarten geben, aber war und es blieb ein Stuhl. Doch wenn ein Internist von dem Stuhl redete, meinte er vielleicht nicht doch das üblicherweise feste Endprodukt des Verdauungsprozesses?

Er gab insgeheim selber zu, dass dies doch sehr weit hergeholt war. Doch andererseits hätte er die Liste der abschreckenden Beispiele ohne große Mühe beliebig weit fortsetzen können.

Aber wie konnte dann, so fragte er sich, bei dieser Unschärfe die Redewendung stimmen, die da lautet „Worte sind mächtiger als ein Schwert."

Wohl wahr, ein falsches Wort an falscher Stelle kann in kaum vorstellbarer Weise verletzen, nicht körperlich, aber nichtsdestotrotz womöglich intensiver, nachhaltiger und einschneidender.
Und dies geschieht sowohl in voller Absicht als auch als Folge eines Missverständnisses. Eines der Fälle, in denen die Worte sich rasch aus der Gewalt ihres Schöpfers lösen und beim Empfänger eine Art Eigenleben entwickeln.
Wenn sich aus einem bewusst oder gedankenlos enthaltenen Kristallisationskeim ein Gedanke, ein Gefühl oder eine Stimmung entwickelt, wie eine Lawine anwächst und nicht mehr aufzuhalten ist.

Wurde nun die Welt auf dem Kopf gestellt? Begannen nun plötzlich die Menschen in der Gewalt der Worte zu stehen?

Nein, das glaubte er nicht!

Worte gebe es ohne den Menschen nicht und Worte ohne Menschen sind weniger als hohle Phrasen. Worte gewinnen erst dann an Wert, wenn sie jemand spricht, hört oder liest. Gewalt können sie dann gewinnen, aber diese Gewalt wird durch den Verursacher bzw. dem Empfänger, also den Menschen, erzeugt, nicht durch die Worte selbst.

Es stimmt - manchmal wären das Leben und insbesondere das Miteinander ohne Worte leichter und schöner. Aber eine immerwährende Abwesenheit von Worten wäre schrecklich.

Die Worte begannen sich in seinem Kopfe zu drehen, zu komplexen Gebilden zusammenzufügen, wieder auseinander zu fallen, ihren angestammten Sinn zu verlieren, neue nicht nachvollziehbare Bedeutungen zu gewinnen.

Langsam drohten sie, seinen Kopf zu sprengen.

Er zwang sich, seine Konzentration auf eine vorübergehende Wortlosigkeit zu lenken, seine Gedanken zu ordnen, Raum zu schaffen.

Seine Anstrengungen waren von Erfolg gekrönt und zugleich glaubte er, mit dem, das den Raum des Wortgewirrs eingenommen hatte, das beredte Wort schlechthin entdeckt zu haben.

Das Wort, das trotz aller Interpretationsmöglichkeiten letztendlich eindeutig war.

Ein Wort, zugleich gehaltvoll und nichtssagend, variabel und starr, bedeutungsschwer und hohl, präzise und ungenau, konkret und diffus, aber eben doch unmissverständlich......

Nichts.

Nichts

Nichts umgab ihn.

Es war nicht das Alleinsein in einer Wüste oder auf einem Ozean. Beides kann als öde, einsam, verlassen, monoton bezeichnet werden, aber gewiss keineswegs als Nichts.
Es war auch nicht wie das Aufwachen in einem unmöblierten, kahlen Zimmer.

Es war das vollkommene, absolute Nichts.

Er kam nach und nach zu sich, die Augen geschlossen, auf das volle Bewusstsein wartend.
Noch wusste er nichts davon, dass er sich im Nichts befand.

Er glaubte auf dem Rücken zu liegen, aber es war ihm unmöglich, das, worauf er da lag, zu beschreiben. Er war weder kalt noch warm, weder hart noch weich.

Instinktiv nahm er seine Hände zur Hilfe, um nach dem Untergrund zu tasten. Das Ergebnis war irritierend.
Er fühlte nichts. Je mehr er sich konzentrierte, desto bewusster wurde ihm der Umstand, dass zwischen dem vermeintlichen Untergrund und dem darüber Liegenden kein Übergang und keinerlei Unterschied zu existieren schienen.

Nahezu im selben Moment realisierte er die vollkommene Stille, kein Rauschen, kein Brummen oder sonstige nicht identifizierbare Nebengeräusche und erst recht nichts Bekanntes wie Vogelzwitschern, Motorenlärm oder Stimmen.

Er spürte eine nie gekannte Irritation in sich aufsteigen.

Erst nachdem er die Unruhe und wirren Gedanken beiseitegeschoben und tief Luft geholt hatte, traute er sich, die Augen zu öffnen.

Er sah –
– nichts –
keine Gegenstände, keine Schatten, keine Umrisse, keine Farben.
Nichts, dass er irgendwie hätte in Worte fassen können.

Instinktiv schloss er die Augen, um sie nach kurzem Zögern erneut zu öffnen.

Nichts.

Wirre Gedanken schossen ihm durch den Kopf.
Was war geschehen? War er aus einem ihm völlig rätselhaften Grund gleichzeitig erblindet, gehörlos und empfindungslos geworden?
Konnte sich so etwas überhaupt zutragen?
War er ein Opfer des Wahnsinns geworden?

In einer Mischung aus Verzweiflung und Wut, wünschte er sich nichts mehr als sich mit einem unbändigen Schrei, Luft zu verschaffen.

Er öffnete den Mund und schrie.

Und der Raum füllte sich mit dem Schrei, dumpf, wie im dichten Nebel, jeden Laut sofort dämpfend und verfälschend, aber dennoch hörbar.

Zu Verzweiflung, Wut und unvermindert steigendem Unverständnis gesellte sich etwas Hoffnung.

Er schloss die Augen erneut, bedeckte sie mit seinen Händen, um sich ganz auf den langsam im Nichts verschwindenden Ton zu konzentrieren. Um Kraft zu schöpfen aus der Gewissheit, nicht vollends alle Sinne und somit sämtliche Tore zur Außenwelt verloren zu haben und in sich gefangen zu sein.

Je mehr der Schall abflaute, desto mehr verebbte auch wieder die Zuversicht.
In gleichem Maße wuchs in ihm der Wunsch, festen Boden unter sich zu spüren, Halt zu haben.
In dem Moment als ihn dieser Wunsch durchströmte, nahm er die Hände von den Augen und ließ sie links und rechts neben sich fallen.
Er hörte – wie sie mit einem dumpfen Geräusch auf den Boden landeten.
Er fühlte – wie sie einen rauen, unbehandelten Untergrund berührten.
Er glaubte, nie etwas Schöneres empfunden zu haben.

Das Gefühl der Erleichterung nicht mehr im konturlosen Nichts zu schweben, schwappte über und unbewusst wünschte er sich statt auf dem undefinierbaren schroffen Untergrund auf einer weichen duftenden Frühlingswiese zu liegen.
Den Wunsch kaum zu Ende gesponnen, verspürte er ein erfrischendes weiches Kribbeln unter sich.

Das Erblicken des frischen Grüns, das Ertasten der kraftvollen feuchten Vegetation und ein völliges Nichtverstehen geschahen zeitgleich.

Er versuchte erst gar nicht, nach einer Erklärung zu suchen, sondern genoss den Augenblick.

In einem Anflug von nahezu ekstatischer Euphorie schwirrten tief verborgene Erinnerungen durch seinen Kopf, bestehend aus all den Dingen, die er irgendwann untrennbar mit einer Frühlingswiese assoziiert hatte.
Schon zog ein Schmetterling um ihn herum seine scheinbar unkoordinierten planlosen gutgelaunten Bahnen und das Summen von Bienen, Fliegen und Mücken erfüllte seine Ohren.
Die längst vergessene Mischung aus Düften von diversen Blumen und Gräsern, deren Namen er nie gewusst oder aber vergessen hatte, erweckte seinen Geruchssinn.

Dies alles schenkte ihm zum ersten Mal nach seinem Erwachen ein Stück Sicherheit, er setzte sich auf und traute sich, seine Umgebung intensiv in Augenschein zu nehmen.

In seiner direkten Nähe bestand der Untergrund aus der vertrauten Wiese, aber bereits nach wenigen Metern verlor sich diese in ein diffuses milchiges Grün, das sich in größerer Entfernung in das undurchdringliche Nichts verlor.

Ein Eindruck, der schlagartig Euphorie und Sicherheit ersterben ließ. Desillusioniert ließ er sich wieder auf den Rücken fallen und schloss die Augen.

Dies war nicht die Welt seiner Erinnerung, dies war ganz und gar keine Welt, die ihm in irgendeiner Weise bekannt vorkam. Aber mehr und mehr wuchs in ihm die Annahme, allein durch Phantasie eine ihm genehme Welt daraus generieren zu können.

Ein weiterer Versuch sollte Gewissheit schaffen.

Er stellte sich einen blauen Himmel vor in einem Blau, wie man es üblicherweise nur auf Ansichtskarten von Urlaubszielen findet. Und oben im Zenit die pralle Sonne, wohlig warme Strahlen aussendend. Hier und da sollten sich reinweiße Schäfchenwolken schwerelos von einer frischen Brise treiben lassen. Scheinbar samtweiche Wolken, in die man hinein versinken möchte, um an der Schwerelosigkeit Anteil zu haben. Wolken, die nicht beängstigen, wie es heraufziehende dunkelgraue Gewitterwolken manchmal tun, die aber doch das Gefühl vermitteln, bei Bedarf genügend erfrischenden Regen bereitzuhalten.

Er wagte einen Blick und konnte sehen wie gerade ein kleines luftiges Wölkchen an der Sonne vorbeischwebte.

Doch so schön der Himmel sich auch darstellte, es fehlte ringsum ein klarer, verheißungsvoller Horizont. So wünschte er sich in der einen Himmelsrichtung in der Ferne einen mächtigen Gebirgszug mit majestätischen schneebedeckten Bergen, die die Wolken zu berühren schienen. Der rechte Ausläufer der Bergkette war mit einem immer dichter werdenden Wald bedeckt, der sich über viele Kilometer hinzog und danach in eine Dünenlandschaft überging.

Dem Gebirge gegenüber hinter den Dünen sollte sich ein Meer befinden. Es war nicht sichtbar, doch ein erfrischender Lufthauch mischte den typischen Salzgeschmack unter den Duft der Frühlingswiese und fernab dahin gleitende Möwen ließen einen Ozean erahnen.

Zwischen dem linken Rand des Gebirges wiederum und der Dünenlandschaft zogen sich unzählige Felder und Wiesen hin, die im Hintergrund von schemenhaften Gebäuden begrenzt wurden.

Mit sich zufrieden ließ er den Blick umherschweifen.
Mit dieser Zufriedenheit wuchs auch eine Erkenntnis….
Die Erkenntnis, dass die Welt, ….seine Welt nur für ihn existent und von ihm geschaffen war, dass er allein für sich und das was ihn ausmacht verantwortlich ist.

Damit war das Nichts gefüllt, alles andere würde sich entwickeln.

Jedoch war das Nichts niemals so restlos gefüllt, dass nicht etwas Raum bleib. Nicht viel, aber genügend…
….Raum - für einen Gedanken.

Die Tiefe der Dunkelheit

Für eine Weile kann Licht die Dunkelheit erhellen.
Erlischt das Licht, bleibt Dunkelheit zurück.
Licht hat Nuancen. Licht kann blenden oder ist von Schatten unterbrochen.
Schwarz ist schwarz und hat keine Abstufungen.
Die Tiefe der Dunkelheit ist vollkommen.

Bei Licht betrachtet eröffnen sich für manche vielfältige Schönheiten.
Für manch andere völlig andere. Schönheit ist Imagination.
In der Tiefe der Dunkelheit ist diese unbeeinflusst.

Farbe ist mangelhaft. Fehlt einem Gegenstand keine Frequenz des Spektrums, erscheint er nicht farbig. Das Schwarz in der Tiefe der Dunkelheit enthält alle Frequenzen und ist vollständig.

Die unzähligen Sonnen hinter Schwarzen Löchern bleiben uns verborgen. Ihr Licht wird in der Tiefe der Dunkelheit absorbiert und wird ein Teil von ihr.

Die Dualität der Welt - Welle, Materie, Energie – in ihrer Gänze wird sie durch die Tiefe der Dunkelheit angezogen und ein Teil von ihr.

Wenn ein Loch eine offene Stelle ist, in der die Substanz fehlt, dann ist ein Schwarzes Loch kein Loch.
In der Tiefe der Dunkelheit ist mehr enthalten als irgendwo sonst.

In der Tiefe der Dunkelheit bedarf es keines Trostes. Es fehlt nichts.
In ihr ist alles enthalten.

Aus der Tiefe der Dunkelheit ist alles entstanden.
Der Weg - mag er auch noch so verschlungen sein und seiner Form nach sicher kein Kreislauf – er führt dorthin zurück.

In der Tiefe der Dunkelheit ist –
die Tiefe der Dunkelheit.

Windhauch

Wenn die Wärme überhandnimmt und die ersten Schweißperlen unangenehm die Poren zu verlassen beginnen, wie wunderbar ist ein sanfter frischer Windhauch, der die Haut atmen lässt und belebt.

Wenn das Tun, die Anwesenden oder allein deine eigene Aura die Luft angestanden, verbraucht oder gar vergiftet, wie hilfreich kann ein reiner, kräftiger Windhauch sein, der die Lungen mit neuer Kraft füllt und das Blut mit energiespendendem Sauerstoff versorgt.

Wenn der Körper träge wird, müde und schlaff, jede Bewegung schwerfällt und selbst das Atmen zur lästigen Pflicht, wie erweckend kann ein unerwarteter starker Windhauch sein, der die Trägheit verjagt, die Müdigkeit in Tatendrang verwandelt und das Atmen zum Wohlgenuss werden lässt, von dem man nicht genug bekommen kann.

Wenn die Gedanken werden, finstere Wolken alles eintrüben, wenn die Lebenslust nur noch eine verblasste Erinnerung ist und die Zukunft eine düstere Vorahnung, der man nicht begegnen möchte, wie belebend kann dann ein Windhauch sein, der zielstrebig und stetig die Dunkelheit vertreibt, Sonnenstrahlen die Wolken durchdringen lässt und lustvolles, zärtliches, von Liebe und Freude durchströmtes Morgen sichtbar macht.

Ich fühle, dass Du dieser Windhauch für mich bist!

Traumschloss

Ein kühler Herbstwind wiegte die Baumwipfel im Takt und trieb feuchte Nebelschwaden vor sich her. Die von dichten Wolken verhüllte Sonne stand im Begriff langsam hinter den Hügeln zu versinken.

Vor ihm lag es nun – sein Traumschloss. Zumindest schien es ihm so, als er unvermittelt davor stand.
Bestückt mit zwei Türmen erhob sich das scheinbar kreisrunde mächtige Mauerwerk steil in die Höhe, umringt von einem breiten Burggraben. Ohne die heruntergelassene Zugbrücke wäre es wohl unmöglich gewesen, ins Innere zu gelangen.

Etwas zögernd schritt er über die knarrende, vom Nebel feuchtrutschige Holzbrücke und gelangte an das riesige Eingangstor. Aus tiefdunkelbraunem Eichenholz überragte ihn die oben gerundete Tür fast um das Doppelte.
Er klopfte und wartete. Nachdem er mehrmals den schweren Eisenring gegen das Holz fallen gelassen hatte, ohne dass sich etwas tat, drückte er die massige Messingklinke, die sich fast in Augenhöhe befand.

Die Tür war unverschlossen, aber verzogen und offensichtlich längere Zeit nicht benutzt worden. Er musste viel Kraft aufwenden, um die Tür so weit zu öffnen, damit er hindurch schlüpfen konnte.

Eine große Eingangshalle lag vor ihm. Er schaute sich um und entdeckte drei weitere Türen, die von der Halle abzweigten - rechts, links und auf der gegenüberliegenden Seite.

Die fensterlose Halle selbst war unzureichend durch einige Kronleuchter erhellt, die hoch oben an der Decke befestigt, verschmutzt und teilweise beschädigt waren. Der Raum hatte eine ungewöhnliche Form, die Seitenwände liefen in seine Blickrichtung leicht aufeinander zu und die anderen beiden Wände waren deutlich zur Zugbrücke hin nach außen gewölbt. Rundherum waren schwere, mittlerweile verstaubte Tapeten angebracht, deren ursprüngliche Farbgebung kaum mehr zu erkennen war.

Die Halle war leer, bis auf eine Vielzahl von Portraitmalereien, die im gleichmäßigen Abstand überall zwischen den Türen hingen. Auch sie waren längst verblichen, aber die größtenteils grimmig dreinblickenden Gesichter weiterhin gut auszumachen.

Vermutlich waren dort die vielen Generationen des Geschlechts verewigt, in dessen Besitz sich die Festung einst befand und vielleicht noch immer befindet, dachte sich der Gast.
Zugleich wunderte er sich über eine verblüffende Ähnlichkeit all derer mit sich selbst.

Nach einigem Zaudern entschloss er sich nachzuschauen, was sich wohl hinter der Tür ihm gegenüber befinden möge. Die steinernen Fliesen hallten unter seinen Schritten wider als er das Foyer durchquerte.

Wie es sich herausstellte, führte die Tür zu einem mit Gras überwucherten Innenhof, in dessen Mitte sich ein verfallener Brunnen befand. Darüber baumelte an einer Seilwinde ein löchriger Eimer.
Mehrere geschlossene Türen gingen vom Innenhof ab.
Keine von ihnen sah sehr einladend aus. Daher und aus Sorge, die Orientierung zu verlieren, machte der Gast kehrt und betrat erneut die Eingangshalle.

Er war entschlossen, den Palast zu erkunden, wollte sich aber nicht zu weit von den Außenmauern entfernen. Er wendete sich nach links und begab sich zur nächsten Tür.

Das Erste, was ihm in dem Zimmer dahinter ins Auge fiel, war ein Mann, der vor einer offenbar üppig bestückten Bar stand, ihm den Rücken zugekehrt. Er war von großer, schlanker Gestalt und in leicht gebeugter Haltung damit beschäftigt, ein Glas mit einer klaren Flüssigkeit zu füllen.
Der Gast zuckte zusammen.
Da ihm auf sein Klopfen niemand geöffnet hatte und er während der gesamten Zeit seiner Anwesenheit nicht ein Geräusch gehört hatte, war er davon ausgegangen, niemanden anzutreffen.
Noch mehr aber überraschte ihn die Tatsache, dass der Mann ihn unversehens fragte, ob er ebenfalls etwas trinken möchte, so als ob er mit seinem Erscheinen gerechnet hätte.

Jetzt fiel dem Ankömmling auf, wie warm es in diesem Zimmer war. Es schien sich um eine Art Salon zu handeln mit einem Fenster an der Außenwand, welches aber fest verschlossen war. Ein dicker Teppich, wuchtige Clubsessel und ein Sofa füllten den Raum mit einer modrigen abgestandenen Luft.
Dankend nahm er das Angebot an.

Der Hausherr goss das gewünschte Wasser in ein Glas und drehte sich erst anschließend langsam um. Mit herablassendem Blick und einem hämischen Lächeln ging er langsam auf den Gast zu. Dieser streckte seine Hand aus, um das Getränk entgegenzunehmen. Doch kurz bevor er zugreifen konnte, stieß der Gastgeber ein höhnisches Gelächter aus und ließ das Glas fallen. Es fiel mit dumpfem Knall auf den Boden, zersprang in tausend Stücke und das Wasser ergoss sich über den Teppich, wo es spurlos versickerte.

Mit einer hochgezogenen Augenbraue und zynischen Unterton zischte der Gastgeber: „Tut mir schrecklich leid, aber es wird Zeit", deutete mit einem Kopfnicken auf die jenseits liegende Tür und verschwand.

Völlig verunsichert ging der Angesprochene auf diese zu und öffnete sie zögernd.

Der Raum war über und über mit Uhren bestückt. Es schien auf dem ersten Blick der Hobbyraum eines Uhrensammlers zu sein.

Hunderte von Uhren der verschiedensten Formen und Macharten - herkömmliche, exotische, geschmackvolle und außerordentlich hässliche.

Aber irgendetwas stimmte nicht - ganz und gar nicht. Irgendwo begann eine der Uhren die volle Stunde zu schlagen. Kurz darauf krächzte eine Kuckucksuhr dreimal. Eine Big Ben – Imitation kündigte vom Anbruch einer halben Stunde…

Die Uhren zeigten unterschiedliche Zeiten an!

Es gab nicht zwei unter all den Zeitmessern, die synchron liefen. Einige darunter sprangen willkürlich gleich um größere Zeitspannen, um anschließend für unbestimmte Dauer stehen zu bleiben. Eine lief scheinbar rückwärts…

Dies alles war unter obskuren Lichtverhältnissen zu beobachten, deren Quelle dem Gast plötzlich bewusst wurde. Der Raum war an allen vier Wänden mit einer Vielzahl an Fenstern ausgestattet, selbst an der Wand zu dem Zimmer, aus dem er soeben gekommen war und in dem es definitiv kein Fenster an der Zwischenwand gegeben hatte - dessen war er sich sicher.

Und aus jedem Fenster konnte er nach draußen sehen!

Doch während ihm aus dem einen Fenster kräftige Sonnenstrahlen entgegen schienen, blitzen hier die Sterne vom wolkenlosen Nachthimmel und dort waren in dichtem Nebel nur die Umrisse der Bäume zu erahnen.

Bei einem Blick aus einem anderen Fenster konnte man sich am frischen Grün der soeben im Frühling erwachten Natur erfreuen, während direkt daneben eine tief verschneite Winterlandschaft zu sehen war. Und wieder nur wenige Meter entfernt waren hinter dem Fenster Bäume zu sehen, die ihre braunen Herbstblätter schon fast vollständig verloren hatten.

Die Ankündigung des Gastgebers aus dem Salon schien in diesem Zimmer der Zeit eine unvorstellbare Bedeutung gefunden zu haben.

Selbst mit noch so wachem und ausgeprägtem Verstand hätte niemand in dieser Kammer länger verweilen können, ohne selbigen zu verlieren.
So schnell er konnte rannte der Verwirrte zur nächsten Tür und riss sie auf.

Warme sonnige Luft, feiner umher wehender Sand und der salzige Geschmack des Meeres kamen ihm entgegen.
Er traute seinen Augen nicht.
Vor ihm erstreckte sich ein weiter, fast weißer Sandstrand. Mit farbenprächtigen Muscheln übersät fiel der Strand langsam ab zum grünblauen Ozean, welches eine schneeweiße Brandung an die Küste warf.
Vereinzelte Palmen boten Schatten, wenn man der warmen karibischen Sommersonne mal entgehen wollte.
Ein Bild - wie von einer geschönten Ansichtskarte oder einem Urlaubskatalog entnommen.
Der Strand war menschenleer und nur das Rauschen der Wellen und die Rufe der Meeresvögel waren zu hören.
In etwas größerer Entfernung befand sich eine Ansammlung mehrerer Palmen, die kreuz und quer wachsend wie ein Pavillondach eine größere Fläche überspannten.
Dort konnte er eine schlanke Frau mit langen dunklen Haaren ausmachen.
Genau in diesem Augenblick fiel ihm schlagartig ein, wieso ihm diese Szenerie von Anfang an so bekannt vorkam. Vor langer Zeit war er mit ebendieser Frau zusammen und sehr oft hatten sie sich gemeinsam ausgemalt, wie ihr Urlaub aussehen würde, falls irgendwann das notwendige Geld vorhanden sein sollte.
Als er einen Schritt in den Sand machte und sich in Richtung Palmenhain begeben wollte, änderte sich die Idylle schlagartig.
Die Sicht wurde unscharf, so als ob jemand das Objektiv einer Kamera verstellt.
Zugleich begann der Untergrund zu schwanken und die gesamte Umgebung in unerklärlicher Weise zu schrumpfen. Am Rand wurde ein undefinierbares Grau sichtbar.
Je weiter er ging, desto mehr setzte sich dieser Prozess fort.
Der Besucher verlor allmählich den Kontakt zum Sand und stand stattdessen auf einem diffusen grauen Etwas.
Das Bild entfernte sich immer weiter von ihm und schien wie auf einem dünnen beigefarbenen Areal zu ruhen, umgeben von diesem trostlosen Grau. Das Areal stellte sich als bald als die Handfläche des Hausherrn heraus, der sich dem Gast näherte, immer deutlicher erkennbar. Währenddessen hatte sich die Urlaubsphantasie zu einem wabernden Hologramm reduziert.

Verzweifelt, dem Wahnsinn nah, rief der Gast: „Was wollen sie von mir?", „Warum tun sie das?", „Und woher kennen sie überhaupt diesen Strand und dieses Mädchen?".

Sein Widersacher ließ ein diabolisches Lachen hören und fragte: „Warum sollte ich meine Wunschbilder vergessen haben"?

In diesem Moment verschwand die Strandidylle mit einem implodierenden Geräusch vollständig von der Handfläche - und kurz darauf alles Übrige.
Zurück blieb allein eine freistehende Tür.

Es blieb keine Alternative, als die Türe zu öffnen.

Vollendete Schwärze empfing ihn.
Er trat einen Schritt über die Schwelle und ….
stürzte ins Bodenlose.

Einen stummen Schrei auf den Lippen verspürte er einen starken Luftzug auf seiner Haut. Wo immer er aufkommen würde, diesen Fall würde er nicht überleben, so dachte er.
Doch mit einem kleinen Plumps endete der Absturz.
Der Luftzug blieb.
Als er zaghaft die Augen öffnete, realisierte er, dass der Landeplatz nichts anderes war als die oberste Plattform von einem der Türme. Zwischen den Zinnen der Turmmauern blies ihm der nächtliche Herbstwind ins Gesicht.
Vorsichtig blickte er zwischen den Zinnen hinunter. Hier gab es keinen Weg herunter. Es blieb nur die Falltür in der Bodenmitte.
Darunter konnte man die Überreste einer Leiter erkennen, aber an einer Benutzung war nicht zu denken. Nur ein Seil baumelte ins Ungewisse. Der Gast war gezwungen sich daran herunterzuhangeln, wobei er mit Spinnengewebe und deren Erzeugern, Fledermäusen und diversen anderen Kreaturen zu kämpfen hatte, die er in der Finsternis nicht identifizieren konnte. Oftmals drohte ihm seine Kraft auszugehen und er schlang das Seil um Arme und Beine, um ein wenig ausruhen zu können. So gelang es ihm schließlich doch, von aufgeschürften Hände abgesehen, unversehrt am Boden anzukommen. Über ihm der aus der Tiefe noch bedrohlicher wirkende Turm, um ihm herum das nackte Mauerwerk mit einer einsamen Tür. Er öffnete sie und betrat einen spärlich beleuchteten Raum.

Der Hausherr drehte sich zu ihm um und sagte: „Na, da bist du ja endlich, ich habe schon gewartet. Du bist am Ende des Weges angekommen."

Er stand vor einem Tisch, der mit einer Vielzahl an Waffen aus allen Epochen beladen war. Nachdem diese Worte gefallen waren, schlug hinter dem Gast die Tür zu. Dieser rüttelte mit aller Gewalt am Türgriff, aber der Weg war versperrt.

Als er sich wieder umdrehte, hatte sein Gegenüber zwischenzeitlich eine mittelalterliche schwere Armbrust in der Hand und einen Köcher um die Schulter.

Beide trugen die gleiche Kleidung, die Haare standen beiden in gleicher Weise zu Berge. Beiden rann Schweiß die Stirn hinab, durch das Gesicht und fiel zu Boden. Beide starrten sich mit blutunterlaufenen Augen an.
Spiegelbildlich.

Aber ein Spiegelbild war bewaffnet.
Das andere war unfähig, die Hand zu heben, um den brennenden Schweiß aus den Augen zu wischen.
Aber auch die sporadische Blindheit bewahrte ihn nicht davor, das Unglück auf ihn zukommen zu sehen.
Näher und näher…

Langsam hob sein Gegenüber mit den kalten, irren Augen die trotz deutlichem Rost noch unvermindert todbringende Armbrust.
Er nahm eines der blutverschmierten Pfeile aus seinem Köcher, spannte ihn ein und zielte mit teuflischem Lächeln auf das Herz des Besuchers.

Dieser konnte mit tränenden Augen sehen, wie sich der Finger seines Ebenbildes um den Auslöser spannte und diesen langsam zurück drückte.
Es knackte…
In schnellen abgehackten Bildern sah der Gast sein Leben vorbeirasen.

Sein Leben, das nun auf diese grässliche Weise enden sollte…
Es knackte erneut….und etwas später ein drittes Mal.

Er schloss die Augen, bereite sich auf sein Ende vor und glaubte bereits das metallische Vorspringen der Feder zu hören, die den Pfeil in seine Eingeweide versenken würde.

Und da hörte er es tatsächlich…

Der Wecker auf der Kommode stimmte an in penetranter Weise zu klingeln.
Ein Alptraum endete…
…so glaubte er zumindest.

…oder war es vielleicht nur eine weitere perfide Episode in diesem Traumschloss, aus dem es kein Entrinnen gab?

Zeit

In längst vergangenen Tagen war die Zeit ein Abenteuer
– das Leben war ein Abenteuer.
Jeder Augenblick brachte etwas Neues, Unerwartetes.
Denn man setzte keine Erwartungen in den nächsten Moment.
Man freute sich auf die nächsten Stunden, auf den nächsten Tag.
Man war ein Teil des Abenteuers, des Lebens, der Zeit.
Die Zeit war ein Freund.

Dann kamen Momente voller Ungeduld,
als die Zeit scheinbar ihr Tempo einbüßte.
Nichts ging Dir schnell genug.
Es gab so viele Dinge, die Du nicht erwarten konntest.
Alles sofort, lieber heute als morgen.
Die Angst, etwas zu verpassen,
ließ die Zeit zum Gegner werden.

Und es gab die anderen Momente,
in denen die Zeit unvermittelt beschleunigte.
Sie begann zu rasen,
ließ Dich weit hinter sich zurück.
Es gab plötzlich nicht genügend Zeit,
auch nur das Notwendigste zu erledigen.
Die Zeit wurde zum Feind.

In ferner Zukunft wird die Zeit kommen, Dich einholen, von Dir eingeholt,
– mit Dir eine Einheit bilden,
– keinerlei Bedeutung haben,
– ihren Sinn und ihre Macht verlieren.
Es wird kein gestern, heute oder morgen mehr geben.
Du wirst genug Zeit haben.
Und die Zeit wird wieder ein Freund sein.

Zeitfracht Medien GmbH
Ferdinand-Jühlke-Straße 7
99095 Erfurt, Deutschland
produktsicherheit@kolibri360.de